DEBUT D'UNE SERIE DE DOCUMENTS
EN COULEUR

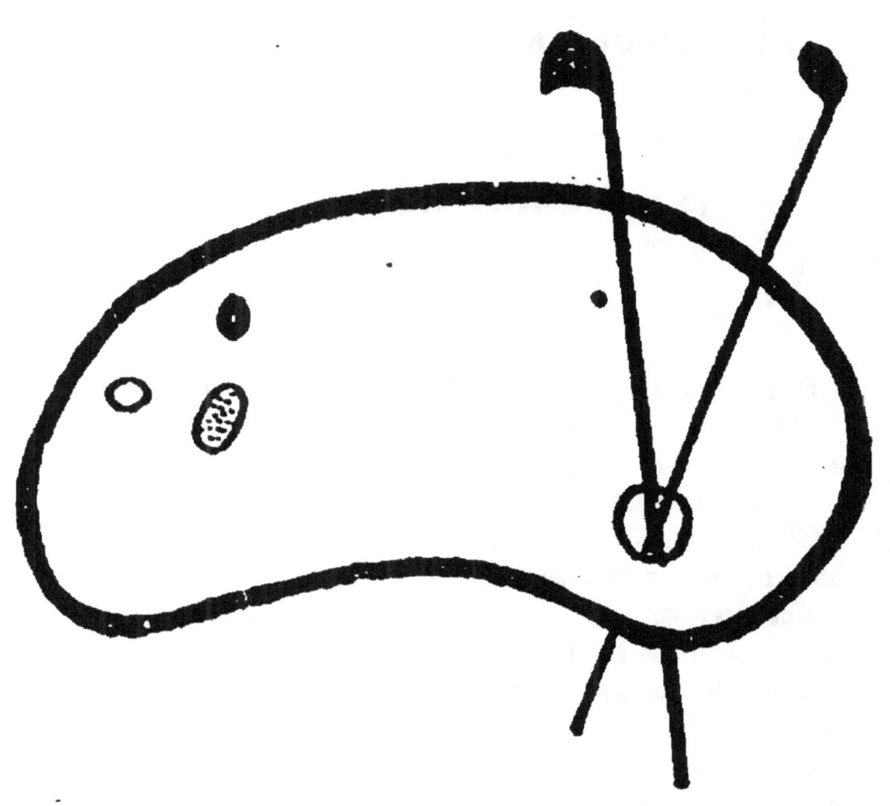

FIN D'UNE SERIE DE DOCUMENTS
EN COULEUR

L'ARRONDISSEMENT DE LA PALISSE

SES CHATEAUX

et ses anciennes habitations

— :ө: —

Deux de nos confrères, MM. Aubert de La Faige et Roger de La Boutresse, ont consacré, sous le titre de : *Les Fiefs du Bourbonnais*, un important travail aux anciens châteaux, aux manoirs et aux habitations plus modestes qui subsistent encore dans les environs de La Palisse.

Cet ouvrage nous a paru mériter une étude détaillée que nous sommes heureux de pouvoir, grâce à l'obligeance des auteurs, accompagner de plusieurs des illustrations qui, par leur dimension, peuvent entrer dans le format de ce recueil (1). Elles rendront mieux que de longues descriptions l'aspect de quelques-uns de ces édifices.

Nous allions, en commençant, émettre un regret. Si, en tête des *Fiefs du Bourbonnais*, on lit avec intérêt un bon exposé sur la nature des fiefs, emprunté

(1) *Les Fiefs du Bourbonnais. La Palisse ; notes et croquis*, par MM. Aubert de La Faige et Roger de La Boutresse. Ouvrage illustré de 220 dessins à la plume. — Paris, Plon et Nourrit, in-4°, 1896.

en grande partie au travail d'André Barban qui précède son *Recueil d'hommages des fiefs du Forez*, nous ne trouvons pas une note indiquant quelle était, au point de vue féodal, l'étendue du territoire sur lequel ont porté les recherches de MM. de la Faige et de la Boutresse.

Telle était l'observation que nous nous étions permis de leur adresser et à laquelle ils nous ont répondu que le Bourbonnais, comme d'autres provinces, la Picardie par exemple, n'avait jamais eu de limites fixes, et qu'en présence de cette difficulté ils avaient préféré comprendre seulement, dans ce volume, les localités formant l'arrondissement actuel de La Palisse.

A certains points de vue, nous ne blâmerons pas cette division moderne, car elle permet de ne rien négliger, mais elle engage aussi les auteurs, qui seront obligés, et nous leur en saurons gré, de décrire successivement les diverses localités, qui forment les autres arrondissements de l'Allier ; c'est une promesse que nous enregistrons avec plaisir.

L'ouvrage se divise en quatre chapitres : I. Les Marches du Forez ; — II. La Montagne et les bords de l'Allier ; — III. La Plaine et la forte terre ; — IV. Les bords de la Bèbre et les Basses-Marches.

Les auteurs nous promènent dans chacune de ces régions, décrivant les beautés naturelles du pays, nous conduisant dans les châteaux et dans les fermes, ainsi que dans les petites villes où ils nous arrêtent devant les maisons anciennes, nous mon-

trant ici quelque croix de carrefour, là quelque
pierre sculptée abandonnée dans la campagne.

Les monuments religieux sont systématiquement
écartés de ce travail, et il ne faut demander aux

auteurs que ce qu'ils ont eu l'intention de nous
donner ; parfois, seulement, ils nous décrivent une

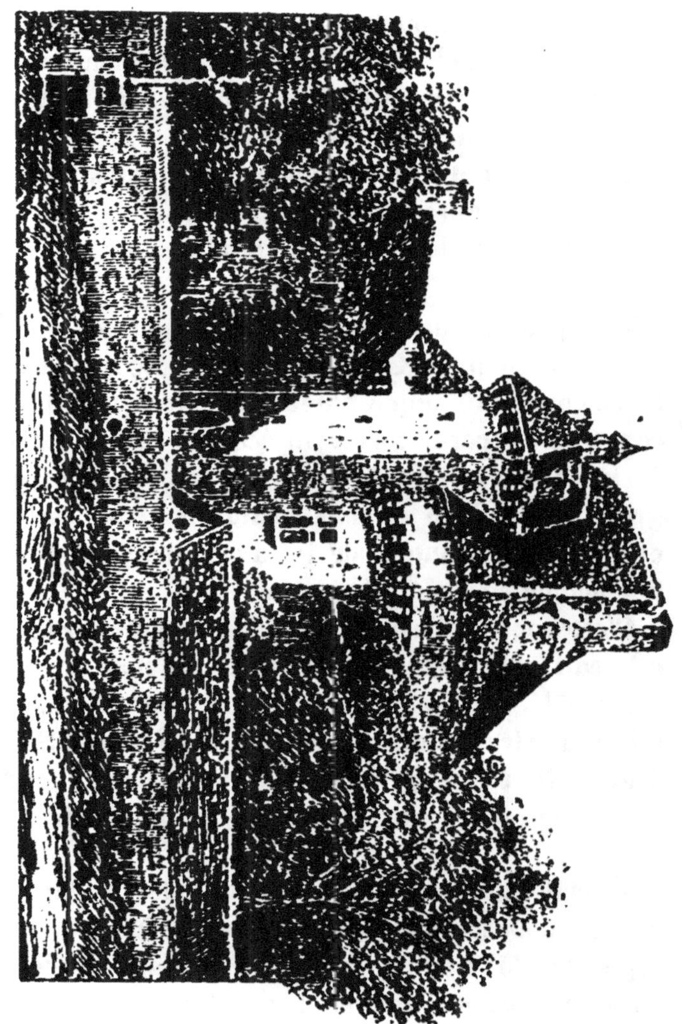

chapelle seigneuriale ou un modeste oratoire placé
sur une route.

Quelques mottes seigneuriales ont encore conservé leur aspect et il est facile d'en dresser le plan, notamment pour celles de Saint-Léger des Bruyères (p. 559) et de Villefort (p. 69).

Le partie du Bourbonnais qui nous occupe renferme quelques châteaux anciens et importants : les uns ruinés, comme Châtelus, Montmorillon, Montgilbert, Montaigu-le-Blain, Billy, etc. ; les autres encore debout et soigneusement entretenus, tels que Busset, La Palisse, Gayette, le Grand-Chambord, Précord, Marcellanges, les Plantais.

« Gayette est une énorme masse, dominée par un élégant donjon du XVe siècle, orné d'une ceinture de machicoulis et flanqué d'une tour carrée, dont on a conservé l'appareil ; c'est un des plus beaux édifices de la région et l'un de ceux qui ont gardé le plus grand air, malgré les constructions que deux siècles ont accumulées autour de lui avec plus de bon vouloir que de bon goût ».

C'est une famille Lhermite, dont le premier connu est Jean, en 1412, qui fit construire ce château.

En 1694, François de Pingré de Farinvilliers, conseiller au Grand-Conseil, donna aux Frères de Saint-Jean-de-Dieu la seigneurie de Gayette pour y fonder un hôpital, qui y subsiste encore de nos jours.

« Le Grand-Chambord, souvent décrit dans les revues bourbonnaises, se compose d'un corps de logis du XIVe siècle, où se distinguent des détails plus anciens, et notamment une fenêtre trilobée du XIIIe siècle. XIIIe siècle aussi est le donjon qui, au sud, flanque et termine le château, et dont, à Cindré, on a maladroitement copié l'élégant couronnement. Ce donjon à trois étages et reposant sur une base

carrée de onze mètres de côté est, avec celui de Cindré, un des plus beaux spécimens, en notre pays, de l'architecture militaire. Il présente un détail curieux : ce sont les oreilles triangulaires levées en bordure des étroites fenêtres et destinées à préserver des coups de flanc les défenseurs. A l'ouest est une cour fermée par une épaisse muraille flanquée de quatre tours et dont la porte est fortifiée ».

Depuis le XIII° siècle, le Grand-Chambord est toujours resté dans la même famille, et son propriétaire actuel, M. Devaulx de Chambord, descend, par trois greffages successifs, de Hugues de Champropin, qui reçut en 1276, de Guillaume de Jaligny, sire dudit lieu, la terre et chevance de Chambord.

Le château du Chaussin s'élève au-dessus de Saint-Yorre, et, malgré sa dévastation, il est encore imposant par son grand donjon.

« Le Chaussin, construit en 1438 par Henri Aubert, se composait d'un corps de logis et de deux ailes, dont l'une, celle du sud, renfermait la chapelle et un donjon de douze mètres de diamètre : le tout, avec quelques bâtiments conservés du XIV° siècle, formait un carré flanqué de tours de près de cinquante mètres de côté et entouré de fossés pleins d'eau larges de vingt-cinq mètres ; ces derniers existent encore, ainsi que quelques parties des terrasses qui entouraient le château au sud et à l'ouest ; mais dans quel état de délabrement est tout le reste ! En 1794, en effet, le Chaussin fut vendu à sept acquéreurs (1) qui, naturellement, se hâtèrent de

____

(1) Louis-César de Talaru de Chalmazel, maréchal de camp, seigneur du Chaussin, avait été guillotiné le 4 thermidor an II, et ses biens confisqués et vendus.

s'installer dans les galeries peintes et les salles aux riches lambris où ils pensaient se trouver aussi bien

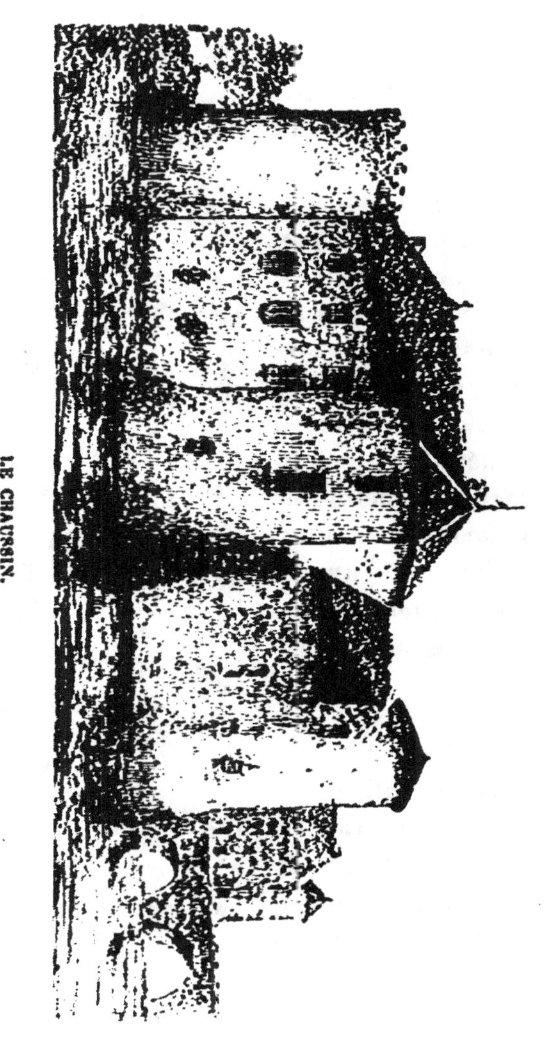

que les seigneurs si longtemps jalousés. Ils s'y trou-

vèrent, au contraire, fort mal, et, l'un après l'autre,
se décidèrent presque tous à aller, en face, se construire des habitations plus conformes à leurs goûts ;
mais, pour ce faire et aussi pour ne pas perdre le
fruit de leur semblant d'acquisition, ils arrachèrent

au vieux manoir tous les
matériaux qu'ils purent
utiliser. Peu de ch.. es ont
échappé à ce déménage-
ment bizarre, dans lequel
une tour, notamment, a
complètement   disparu ;
nous signalerons, pour-
tant, une porte d'entrée
mutilée du XV⁰ siècle,
quelques détails d'escalier,
des ouvertures à montants
finement sculptés et enfin,
faisant face à l'ancien
pont-levis, les débris d'une
galerie Renaissance ».

Précord, bâti au fond
d'une étroite vallée, est
connu comme seigneurie
dès le commencement du
XIV⁰ siècle. Un dénom-
brement de 1720 nous le
montre comme « un grand
château fort logeable ,

PRÉCORD.
Fresque du XVI⁰ siècle.

entouré d'eau vive, revêtu de murailles du côté du
pont-levis et de la seconde cour, dans laquelle il y a

une grande écurie voûtée pour cinquante chevaux
avec greniers au-dessus et une grande chapelle, joi-
gnant lesdits greniers ; il y a une troisième cour,
renfermée de murailles garnies d'une tour et de
fossés avec un colombier bien peuplé ».

Précord, aujourd'hui complètement restauré, ré-
pond encore à la description de ce dénombrement,
à l'exception de la chapelle, qui s'écroula il y a
une trentaine d'années.

On y remarque de curieuses pierres sculptées,
dont une aux armes des Montjournal, et d'intéres-
santes fresques du XVI° siècle.

Mais, ce qui frappe quand on parcourt l'ouvrage
de MM. Aubert de La Faige et de La Boutresse, c'est
le grand nombre de manoirs et de gentilhommières,
petits fiefs devenus souvent, aujourd'hui, des fermes
ou de simples maisons de paysans et dont ils ont eu
le mérite de rechercher les traces, de décrire et de
dessiner les modestes ruines.

Quelques maisons bourgeoises, bâties dans de petites villes ou de simples paroisses, telles que Chatel-
Montagne, offrent par leur architecture un intérêt
particulier. Nous signalerons, notamment, une
maison du XV° siècle à Chatel-Montagne, celle des
Faure ; au Breuil, celle des Regnaud, etc.

Des plans anciens et modernes accompagnent les
descriptions d'un certain nombre de châteaux.

A chaque habitation nous trouvons, avec une description des constructions qui subsistent, accom-
pagnée de nombreux croquis et de plans, une histoire
des propriétaires, un récit des événements dont
l'édifice que nous voyons a été le théâtre. Subsiste-
t-il quelque blason, quelque inscription, le crayon

de M. de La Boutresse les relève avec soin, pendant
que M. Aubert de La Faige en entreprend l'expli-
cation.

Les auteurs ont fouillé les archives de ces manoirs

CHAZ I L-MONTAGNE.

Maison lu XV⁰ siècle.

et y ont recueilli un grand nombre d'indications gé-
néalogiques et de documents historiques qui assurent
à ce volume une place dans les bibliothèques de tous
ceux qui s'occupent d'histoire nobiliaire, même en
dehors de la région bourbonnaise ; le nombre est

grand, en effet, des familles appartenant à d'autres provinces et qui, soit par des alliances, soit par des acquisitions, sont devenues propriétaires de ces seigneuries. .

Mentionnons, notamment, qu'à Saint-Nicolas-des-Viers vinrent s'établir des gentilshommes verriers, originaires de Lorraine ou de Franche-Comté, chassés par les guerres et l'invasion de Bernard de Saxe-Weimar.

« C'est ainsi que, tout à coup, vers 1660, apparaissent au fond de la montagne bourbonnaise les noms des Jacobs, des de Bigot, des Robichon, des Cartier, des Lebreton, des de Finance, etc , tous étrangers à notre pays et parmi lesquels nous suivrons les derniers, qui seuls ont laissé une descendance en Bourbonnais.

« Le maître verrier de Saint-Nicolas, en 1662, Adam de Finance, écuyer, sortait d'une famille de gentilshommes lorrains, mentionnée à Vauxvillers (Haute-Saône) dès 1418, et depuis longtemps adonnée à l'industrie du verre.

« En 1492, en effet, nous trouvons déjà noble homme Gérard de Finance exploitant, au centre de l'immense forêt de Darney, la verrerie de Brisécuelle, et c'est dans cette même forêt que vécurent tous ses descendants, alliés aux de Thierry, aux d'Hennezel, aux Jacobs, aux de Bigot, comme eux gentilshommes verriers des environs de Darney. Outre Brisécuelle, les deux principaux établissements des Finance furent la Neuve-Verrière, près de Charmois, et, tout à fait en plein bois, Autigny, où naquit en 1621 Adam de Finance, fils de Jacques et d'Esther de

Jacobs, et neveu de Thierry de Finance, seigneur de Clairbois.

« Thierry de Finance est le premier de sa race dont nous ayons connaissance en Bourbonnais; encore, avant de venir y faire souche, était-il quelque temps resté en Nivernais, dans les bois de la Chartreuse d'Apponay, entre Rémilly et Fours, associé avec un autre lorrain, Philippe d'Hennezel; c'est là que vint le rejoindre son neveu Adam.....

« Parmi les autres maîtres verriers de Saint-Nicolas, nous citerons : François de Jacobs, écuyer, seigneur de la Chaussée; puis noble François de Bigot, d'une famille existant encore en Franche-Comté, et enfin Hector Passinges, né à Roanne en 1738, qui donna à Saint-Nicolas une impulsion remarquable.

« La verrerie de Saint-Nicolas, malheureusement, fut, comme tant d'autres établissements industriels, ruinée par la Révolution; elle ne se releva jamais; il n'en reste plus que le souvenir et aussi, çà et là, dans quelques maisons du pays, de rares échantillons qui font vraiment honneur au cachet artistique de sa fabrication, et dont le plus intéressant est la jolie buire qu'a exposée à Roanne, en 1890, M. Édouard Jeannez. Cette pièce, comme presque tout ce qui a été conservé des produits de Saint-Nicolas, appartient au genre dit verre de Venise qu'avait introduit Passinges dans cet établissement » (1).

D'autres verreries étaient également possédées

(1) P. 82-83.

par la famille de Finance à Saint-Léon et à
Thionne.

Un certain nombre d'édifices, tels que Saint-
Antoine à Cusset, à Redan, à Huvers, à Buguet,
sont désignés sous le nom de la Commanderie, mais,
sauf Redan, ils ne paraissent avoir été que des mem-
bres ou fermes dépendant de Commanderies plus
importantes et ils ne consistent, le plus souvent,
qu'en bâtiments ruraux n'offrant guère de caractère.

Redan, cependant, lors de la vente qui en fut faite
en 1793, possédait « une chapelle toute voûtée et
couverte moitié à tuiles plates et moitié à tuiles
creuses ; le chœur est séparé de la chapelle par une
menuiserie en bois et orné d'un mauvais autel fort
ancien et en mauvais état : au-dessus de la chapelle
est un mur servant de campagnier où il y a une
vieille cloche pesant quatre-vingts livres » (1).
Inutile d'ajouter que la chapelle a disparu.

Parmi les détails d'intérieur, nous devons signaler
la belle cheminée du Vernet, datée de 1573, avec la
devise : *Quo fata trahunt.*

Il est toujours difficile de discuter la date de monuments que l'on ne connaît que par des dessins et
que l'on n'a pas vus sur place ; cependant, il nous
semble difficile d'admettre que la croix de la Mel-
leray (p. 529), avec ses fleurs de lys aux extrémités,
puisse être du XII° siècle, et nous la placerions vo-
lontiers au XV° siècle et peut-être même à une date
plus récente.

Nous en dirons autant de l'inscription de la cloche

____

(1) P. 23.

de Contresol (p. 253). D'après le fac-simile donné, il
y a lieu de la dater, non de 1410, mais de 1550. Le
style du casque qui domine l'écusson, la forme des

CHEMINÉE DU VERNET.

lettres s'accordent pour indiquer le milieu du
XVIe siècle, et l'on sait d'ailleurs que l'emploi des

chiffres arabes n'a commencé à se répandre dans notre pays qu'à cette époque. Aussi faut-il chercher dans les généalogies de la famille de La Goutte un second Guichard, marié non à une Isabeau, mais bien à une Katherine de Montaigu ou Montagu.

Imprimés avec luxe par la maison E. Plon et Nourrit, *Les Fiefs du Bourbonnais* forment un bel in-4° qu'illustrent, comme nous l'avons déjà dit, de très nombreux dessins de M. de La Boutresse. Peut-être sont-ils plutôt l'œuvre d'un artiste que d'un archéologue, mais ils rendent bien l'aspect de ces très nombreuses demeures, ainsi que leurs détails ; nous aurions désiré, toutefois, dans la reproduction des blasons, un procédé plus simple accusant mieux les formes des figures.

Deux tables très *copieuses* (elles occupent plus de 40 pages), consacrées l'une aux noms de familles et l'autre aux noms de lieux, rendent les recherches faciles ; nous regrettons seulement qu'une carte de la région n'accompagne pas le bel ouvrage de MM. A. de La Faige et R. de La Boutresse, dont le Conseil de la Société française d'Archéologie a apprécié la valeur en décernant à ses auteurs, au Congrès de Morlaix, une de ses médailles.

Comte DE MARSY.

Caen. — Imp. Henri Delesques, rue Froide, 2

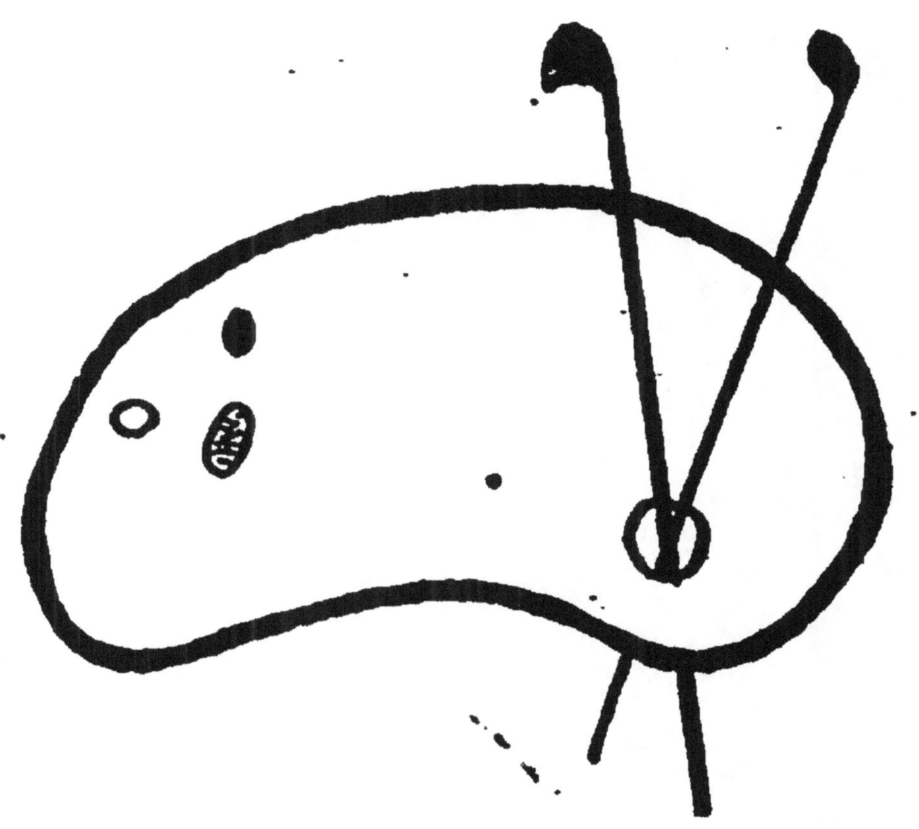

ORIGINAL EN COULEUR

NF Z 43-120-3